JN411319

시루봉 가는 길

法山 김창규 시집

오늘의문학사

◆ 서문 ◆

얼굴도 본 적 없는 배필을 만나러 가마 타고 혼례 올리던 시절, 새벽닭 울음소리로 시간을 대략 짐작하고, 이웃집 애경사에 팥죽 한 동이 계란꾸러미가 오가던 깊은 정, 울도 담도 없는 초가삼간 굴뚝에선 하얀 연기 모락모락하고, 가난한 등잔불 눈이 부시게 밝기만 하고, 책보자기 필통 속에 달랑대는 몽당연필, 책이 없어 빌려가며 공부하고 삼십 리 길, 신발이 없어 맨발이 당연했습니다.

흘러버린 세월 속에 흔한 일들을 일기 형식으로 그 때 그 시절을 회상하는 마음으로 엮어 보았습니다.

그때는 배움의 길이 어려웠던 20세기, 지금은 인생 황혼기에 접어든 분들과 공감하는 부분이 있을는지 하는 심정과 현 시대를 살아가는 젊은이들이 글 속에서나마 과거 부모님들의 생활상을 느껴볼 수 있었으면 하는 바람입니다.

다듬어지지 못하고 어설픈 글 솜씨로 여러분 앞에 서게되어 부끄럽기 한량없습니다.

들에 핀 들꽃처럼 강변에 지천이 조약돌처럼 소박한 공간에서 진실만을 표현하려 노력했습니다. 시간은 흘러가는 것이 아니라 아련한 기억을 더듬어 보려는 공간이라 생각하고 싶습니다.

● ● ● 차례

2부 보시하는 마음

3부 그때 그 시절

4부 금초와 벌떼

5부 대합실 사람들

1부

고축사 가는 길

고촉사 가는 길

집채만한 바위들이
트럭에 실려
가파른 길을 오른다.
차곡차곡 쌓아지는 돌들이 예술이다.
잘 깔린 보도블럭 시원스럽고
편리한 돌계단도 탄생하는구나.
차례로 하나씩 서고 눕고
그 사이에 꽃나무까지 끼어들어
주변 경관이
너무 아름답게 단장이 되어
고촉사 오시는 분들은 말하리라
극락이 따로 있나
합장하는 마음.

봉축길 고촉사

비탈길 꼬불꼬불 오르려니
가쁜 숨소리
이마에 땀방울 맺는다.
길 따라 연등불빛
아름답게 보이고
향내음 산사에 가득한데
법당에나 뜰 밖에도
수많은 연등 불빛
사연만큼이나 다양한 모습들
아름답게 줄지어 걸려 있다.
부처님,
우리 모두 깨달음을 얻어
번뇌에서 벗어나 편안하게
살 수 있게 하소서.
관세음보살.

성장하는 고촉사

흐르는 세월 속에
만리장성 쌓아도 끝은 안 보이네.
모진 풍파 몰아쳐도 굽힐 줄 모르고
꿀벌들 열심히 일하네.
잡벌들 들랑날랑
일하는 체 하면서
진구 반들어 달고 가는구나.
세월이 흐르면 찾아와
꿀벌 행세를 하는구나.
꿀벌들 열심히 쌓아
완성 단계 될 무렵
중간 벌들 찾아와
같이 쌓았다고 말하겠지.
성실한 토종벌들
만고풍파 겪으며, 묵묵히 일하면서
많은 벌들을 기다린다.

연등

빈손으로 왔다가
빈손으로 돌아가야 하는 길
인간사 모든 업장
깨끗이 소멸하고
빈 마음 빈손으로 합장하며
연등불에
어둠을 밝혀 보련다.
사랑과 자비를 깨우치는
은은한 목탁소리
다소곳이 관세음 보살.

자비로운 연못

연못은 만물을 수용하는 별천지
수많은 물고기 곤충
많은 잡초가 자리 잡고
밤하늘 별들이 수를 놓는다.

연못은 모든 것을 감싸 안고
만물을 성장시키는 자비로운 천사
세월은 흔적도 없이 가고 있는데
자연의 어린나무까지
거두어 가꾸는 보살행
숨겨진 지혜여.

* 가장 존경하는 김선행화 사모님, 몸소 실천함으로 보는 사람의 마음에 스스로 깨치도록 하시는 분

* 연못은 수용하는 천지, 연못에는 밤하늘의 별들이 수를 놓는 곳. 만물을 감싸 안는 그 못에는 흔적 없는 세월이 가고, 거두어 가꾸는 지혜, 남모르는 등불이 흔들린다.

갓과 노인

햇살이 따뜻한 어느 봄날
흰 두루마기에 검은 갓을 쓴
팔십 정도 구시대 옷차림
고촉사 경내를 거닐던 노인
갑자기 갓을 잡고 구부린 자세로
움직이질 않으신다.

연유를 묻자 저 바위가
금방 떨어질 것 같아서
대대로 물려받은 이 갓이
부서질까 염려 되네요.

목숨보다 더 중한 것이 있으련만
자연의 신비함에 비할 바가 아니다.

약사여래 부처님

밤새워 맺혔던 이슬이
아침 햇살에 살며시 숨어버리고
가파른 산길을 오르는 사람들.
보문산 산마루
약사여래 부처님
재난과 근심을 없애 주시고
진리를 잘 실천하여
깨달음을 얻게 하는 부처님
일광보살과 월광보살
십이지상을 거느린 부처님
중생들을 위하여
밤낮 가리지 않고 지켜주시네.
수많은 등산객 저마다
두 손 모아
부처님께 소원성취 빌어본다.

차 한 잔

산사에 오신 불자님들께
따끈한 차 한 잔
녹음이 짙은 산마루에
향 그윽한 솔잎차
부처님 자비가 넘치는 정
녹아 있는 차
정성어린 대접에
산사의 하루는
자비의 미소가
가득 젖어 있다.

승군들의 충성심

어둠 속을 헤치고
모여드는 불자님들
시간 약속 놓칠까봐 마음 조이고
달리는 법당에서
천수경 독경 따라
합장하는 불자님들
오늘도 무사안일
즐겁고 좋은 하루가 되시길 빈다.

향일암 오르니 가는 곳마다
법문이 따로 없고
넓은 바다 잔잔한 수평선
말이 없는데
홍국사 찾아드니
옛말을 말해주듯 빛바랜 법당마다
임진왜란 때 목숨 건 승군들의
충성심에 고개 숙이네.

거룩하신 부처님

천상천하 유아독존 외치던 그 날
부귀와 영화를 마다하시고
출가를 결심한 까닭은
무명의 그늘에서 헤어나지 못하는
중생들을 구원하기 위함이었습니다.
고향 끝에 성불하신 부처님
만물의 축복이며 중생들의 축복이십니다.
일심으로 봉축등에 불 밝히고
평화로운 세상을 위하여
소외된 이웃을 위해 합장합니다.
만물을 경시하는 중생들이
그 존귀함을 깨닫게 하소서.

진실한 믿음

떠다니는 구름은 바람 때문에 머물지 못하고, 흐르는 물소리 세월 따라 가다보니 쉬지 못하네. 낙락장송 푸른 소나무 자태 사철토록 변함없는데, 수많은 불자들의 합장하는 손길마다 빛이 되어 진실한 믿음에 천지광명 이루소서.

대자심 한 컵의 물을 마시다 남아 버릴 곳 찾을 길 없어 머리에 붓도다! 한번 가신 님은 다시 돌아오지 않는데 오늘도 나뭇가지에 부는 바람소리 다르고, 그대는 백운산 고개 너머 구름 타고 가시고, 불자들은 보문산 고촉사로 향하는데, 어두운 마음, 길 없는 길이 열리는구나.

* 흐르는 세월은 잡지 못하며 과거 현재 미래의 시간적 개념에는 새로운 형태로 변하여 가고 있는 것이다. 창건하신 분들의 크신 업적을 거울삼아 마음과 마음으로 모셔진 불교문화가 영원히 보존되길 관세음보살님께 빌어본다.

우리 고촉사

보문산 상봉 아래 모두 모였네.
찬란한 문화 꽃을 피우기 위해
우리는 불교 진리 배워가면서
시방 삼세 부처님 자비와 지혜
영원히 이어나갈 깨침의 도량
억만년 길이 빛날 우리 고촉사

마음과 마음으로 뜻을 모으니
자연히 아름다운 보문산 하에
대자비 대광명이 충만하신 곳
무량광불 부처님 진리를 배워
영원히 이어나갈 깨침의 도량
억만년 길이 빛날 우리 고촉사

미륵바위

보문산 상봉 아래
우뚝 솟은 미륵바위
수억 년 세월을 보낸
빛바랜 모습
세월의 흐름을 말해주고 있는데
비바람 몰아치고
눈보라 휘날려도
움직이지 않고
밤낮을 모르고 서 있으련만
오고 가는 사람들
말없는 약속 믿고 가렴아
합장하는 사람들

고촉사 미륵불

긴 골짝 오솔길을 어느 새 올랐는지
약수 물 한 모금에 구슬땀 사라지고
우뚝 선 미륵 앞에 마음이 정숙한데
말없는 그 모습은 누구를 기다리나

간간이 찾아오는 불자의 정성 속엔
스님의 염불소리 깊은 뜻 가득한데
이 세상 중생들아 귀담아 들어보소
소원을 빈다는데 뉘라서 마다하리

고촉사 이름조차 높고도 높은 곳에
부처님 밝은 모습 이 마음 반겨주고
외로이 촛불만은 내 몸을 태우면서
중생의 어둔 마음 밝히어 주는구나

보문산 시루봉에 팔각정 아름답고
고촉사 십이원성 약사유리광여래불
불자의 마음속엔 소원을 합장하며
모두가 천지광명 이루어 달라하네

고초골 전설만은 지금도 변함없고
외로운 돛대바위 눈보라 휘날려도
자연의 동굴에는 고란초 푸르르고
수많은 인등불빛 불자의 소원성취

눈앞에 약수물이 흘러서 바다 되고
흐르는 세상이치 역사를 만들진대
마음과 마음으로 불보살 십육나한
모셔진 불교문화 영원히 보존되길

고촉사에서 시루봉 가는 길

해마다 보수해도 허물어진 곳 많아
등산객들 위험하고 불편하더니
공원관리과 시설계장 설계하고 검토해 추진하니
수개월 인부들의 값진 땀방울 쌓여가는 계단은
어느덧 850계단 시루봉에 닿았구나.
가파른 산길 오르는 등산인들
한숨 돌리며 신발에 진흙 안 묻으니
잘했다 칭찬하고
수월해진 등산로에 발걸음이 가볍구나.
공사가 마무리되니
대적광전 법당 앞 진흙더미 이제 안 보여
법산 거사 마음도 편안해졌네.

산사 순례

천고마비 계절
햇살마저 눈이 부시네.
길게 뻗은 고속도로
첩첩 싸인 산을 뚫고
지나는 터널
산마다 곱게 물든 단풍
내 마음을 극락으로 인도하네.
돌아돌아 이십여 번 반복하는 사이
돌산 위에 올라 구름 속에 있구나.
수만리 산봉우리들
눈 안에 들어오는데
이 높은 곳에 불사한
선인들의 지혜에 감탄하네.
곱게 물들어 가는 단풍은
울창한 나무를 더욱
아름답게 만드네.

자연과 수십 년 세월

1

보문산 골짜기에 적막을 깨고 산새들의 합창소리 인사받으며 산모퉁이 돌아돌아 졸졸대는 물소리, 그 또한 정겹기만 한데 반평생을 한결같이 더불어 걸어온 오솔길을 구비구비 오르며, 아직도 내게 묻어 따라오는 속세의 먼지조각들을 계곡물에 떠나보내고 바람과 만나고 구름과 인사하고 벌레소리와 주고받는 대화 속에 오늘도 법산은 산사에 머문다.

2

높은 산 골짜기에 아침해는 늑장을 부리고, 저녁 무렵 산 그림자 서둘러 찾아온다. 인생여정 멀고도 고달픈데 희망과 고통과 분노가 산만하게 교차한다. 행복도 불행도 벌써 본인 마음속에 자리했거늘 모든 인연의 그림자 언제인가 지수화풍으로 돌아가리라. 봄은 남풍에 실려 나뭇가지마다 새싹들, 밤새 내린 눈은 동장군 옷자락을 잡고 놓지 못하네.

3

한걸음 내딛는 발걸음이 수십 년 시간을 주름잡아 버렸네. 영원불멸 부처님 모습 앞에 불보살님 자비와 지혜를 마음속에 새긴 세월, 내 얼굴에 주름만큼이나 시간들은 흘렀으리라. 차창을 내다볼 때 산도 나도 다 가더니, 내려서 둘러보니 산은 없고 나만 왔네. 다 두고 저만 가나니, 인생인가 하노라.

부처님 오신 날

오늘은 탄생불 목욕시켜 드리는 날
산사에서 만나는 사람마다
밝은 모습들
불자님들 작은 공덕 하나하나가
마주치는 눈길마다 빛이 되어
경건한 마음으로 기도드립니다.
고통 받는 중생들
온갖 번뇌와 고통 없애고
이 세상에 모든 인연 만들어
무량한 공덕과 복덕
소원성취 하시길 두 손 모아 기원합니다.

비탈길 낙엽

푸른 하늘 아래
곱게 물든 단풍
형형색색 단장한 보기 드문 풍경
떨어지는 낙엽이 발길에 채이고
빗길에 젖어
넘어져도 웃어주는 마음들
다칠세라
길을 쓰는 노신사.

빗자루 없어도
휘초리 몇 개 꺾어 들고
눈감 땡감 비탈길을 휘둘러 댄다.
낙엽은 피하여 달아나지만
길은 깨끗하다.
땀으로 흠뻑 젖어도
수고하신다는 한마디에
피로가 가시네.

목탁소리

매일 몇 시간 그것도 수 차례
맑은 소리를 울려대다 속이 텅 빈 목탁은
중생들 마음속을 채워주누나.

둥근 듯 넓적하고
반쯤 잘린 듯 반듯한 모양새하고

어느 땐 장엄하게
어느 땐 애절하게
중생의 가슴속에 파고드는 소리

두 손 모으고 머리 숙여 불보살님께
나무아미타불
관세음보살

보문사지

입춘도 지났는데 무엇이 그리워서 아지랑이 창가에서 아롱아롱 거리고, 저 멀리 산봉우리 훈훈한 바람, 내 가슴에 봄소식 안겨다 주네. 겨울잠에서 깨어난 개구리도 상쾌한 기지개, 앙상한 나뭇가지에는 새싹들의 숨소리, 동장군은 머물 곳 잃어 슬며시 뒷걸음치고 상큼한 봄내음에 취해 봄 따라 가고 싶다.

산은 옛 산이로되
봄은 옛 봄이 아니로다.
보문사지 돌아보니
옛 모습 간데없고
승군들의 넋은 어디 갔는지
유적만 남아
철창에 갇혔으니
표지판아 말해다오.

함박눈이 내리던 날

하얀 눈이 한낱 두낱 내리더니
몹시 바쁜 걸까.
두서없이 마구 쏟아져
잠깐 사이 소복이 쌓여 버렸네.
온 천지가 하얗게
덮여 버리고 말았네.
아, 깨끗도 하여라.
내 마음도 하얗게, 하얗게
닮아가고 있네.

2부

보시하는 마음

갈 길 몰라

인간의 마음은 갈대처럼
떠도는 구름처럼
바람결에 몰려다니고
물 위에 떠 있는 얼음 조각도
파도에 밀려 갈길 몰라 헤매는구나.
햇살이 비칠 때 어둠은 사라지고
강추위 속에서
바람도 갈길 몰라 허둥대는구나.

짙은 안개 속에

짙은 안개 속에 어둠이 깃들어
앞을 분간하기 힘들고
도로에 자동차 소음과 매연까지
시야는 좁았다 넓었다,
불빛 따라 양쪽에 즐비한 물체들
있는 듯 없다가 없는 듯 나타나고
이곳이 모두 개었을 때보다
더 멀리 와 버려
어디쯤인지 알고 싶네.

깨달음

물은 아래로 흐르고
불은 뜨거우며
얼음은 차갑다네
이것은 변하지 않는 진리이다

백만 대군을 이끌고 적진에서
당당히 싸움을 지휘했던 장군
가장 아끼던 찻잔을 실수로 떨어트린 순간
가까스로 잡아낸 장군 등에 식은땀

깨달음은 어렵지 않다고 생각했기에
바람처럼 달려가도 보이지 않네
자비의 마음은 눈으로 볼 수도 없고
깊이를 알 수도 없지만
말은 귀로 들을 수 있으니
깨달음은 열려 있나보다

한마음

따뜻한 봄날 꽃향기는 나비를 부르지만
나무는 꽃을 버리고 열매를 맺는다.

빗방울이 모여서 개울을 만들지만
물은 개울을 버리고 바다로 달린다.

사람과 사람은 서로 인연 따라 모이지만
세상을 이끌어가는 힘은 한마음 한뜻.

보시하는 마음

나보다 너를 먼저 배려하고
사심 없이 너를 보살피는 마음
고달픔은 같이 나누고
무거운 마음 같이 헤아려
다정하게 품을 수 있는 마음
바르게 살고 아름답게 사는 것이
보시하는 마음이 아니랴
탐욕이란 아침 이슬과 같고
번민이란 저녁 무렵의
연기와 같은 것을.

마음의 깊이

산의 높이는 올라가면 알고
물의 깊이는 들어가 보면 알련만

헤아릴 수 없는 게 사람의 마음이런가.

깊은 듯 얄팍하고 넓은 듯 옹졸하니
뉘라서 그 마음속 알 수 있을까.

묘하고 변화무상하니
오늘이 어제고 어제가 오늘인 것을.

보문산 시루봉

산자락 첫 걸음이
보문산 시루봉에 이어져
팔각정에 오르니
수많은 산봉우리 한눈에 다가온다.
철따라 야생화 아름답고
산새들의 지저귀는 소리
귓가에 어른거릴 때
서산에 해 기우니
대전 시내 오색등불
춤추듯 술렁이고
밤하늘 기러기떼
소리조차 멀어져 가는데
산사의 풍경소리 고요를 깨운다.

보문산 시루봉 해돋이

새벽 산에 오르는 분들께
고축사에서 따끈한 차를 대접하고 있다.

보문산 정상에 인산인해를 이루고, 농악장단에 메아리치는 함성소리 동쪽하늘 붉게 물들어 오르더니 7시 40분경 둥근 해가 솟아올랐다. 화려하고 장엄하다. 온몸에 전율이 느껴진다. 모두가 한 목소리로 힘껏 환호 소리, 메아리도 우렁차다.

새해에는 희망찬 출발을 기약하는 가정에
건강과 행복 소원을 빌어본다.

감로수에도 이끼가

추운 겨울 지나 봄이 되면
얼었던 수각에도
맑은 물이 흘러내린다.

햇볕에 파랗게 변하는 이끼는
청소를 깨끗하게 자주 하지만
그래도 이끼는 살아나고
더운 여름, 사람들은 목이 말라
물을 마신다.

아무리 끼어도 더럽다 하지 않고
마시는 것을 보면
이끼는 아름답지 않아도
귀하지 않아도
흐르는 물에 어디서나 살아가는
인연이 깊은가 보다.

돌 간판

긴 골짝 굽이굽이 가파른 길 오르려니, 가쁜 숨 몰아쉴 때 이마에 땀방울 송글송글, 주변의 야생화 아름답게 피었는데 새롭게 단장한 돌 간판 반겨주고 이름조차 높고 빛나는 고촉사 도량인즉, 옷깃을 여미고 바라보니 절묘하게 자리 잡은 정구업 세수 터 두 손 모아 합장하는 마음.

흐르는 염불소리 마음속 깊이 스며들어
산사 찾아 불공 들여 모든 업장 소멸하리.

검은 눈동자

요란한 천둥소리
갑자기 쏟아지는 소나기
피할 길 없는데
양산 받고 가던 어여쁜 아가씨
달려와 양산 받쳐주고
마주 잡은 손잡이
한 발짝 두 걸음 조심스럽고
둘이서 다정히 가는데
멀리서 바라보는 사람들
검은 눈동자
양산 밑에 모여들고
빗방울은 왜 그리 큰지
발길에 차인다.

개가 21일간 굴속에서 기도하다

2001년 늦은 겨울 함박눈이 폭설로 변해 곁에 있는 사람도 안 보일 정도(67㎝) 오다. 때마침 주인과 같이 온 큰 검정개 한 마리가 없어져 한바탕 소동이 벌어졌다. 입춘 날 소각장에서 많은 불자님들이 떠들썩한데 개가 잠에서 깨어나 굴 밖으로 나왔다. 15일만이었다.

개는 몸을 가누지 못하여 3일간 죽을 쑤어 먹이니 몸이 회복되었다. 임자 없는 개라고 말하니 등산인들은 보신탕감이라고 농담을 한다. 그 말을 알아들었는지, 낮에는 속가로 내려갔다 저녁에 올라와 3일을 채우고(21일) 말없이 사라져간 검정개, 견성바위 앞에 밥그릇만 남아 쓸쓸하다.

존경받는 사람

아무도 눈여겨보는 이 없는 곳에
나름대로 최선을 다하는 그 사람
더운 삼복더위, 눈 내리는 추운 겨울
산길 따라 흩어진 휴지조각
보는 이 없어도 깨끗이 치워주는 그 사람이
너무나도 존경스럽다.
흐르는 물에 부단 없이 세수하는 사람
그 개울이 마음을 가볍고 상쾌하게 한다.

인연의 소중함

옛 말에 옷깃만 스쳐도
억만 겁의 인연,
이런 소중한 인연을 오래 이어가기를,
욕망과 미움을 물 위에 띄우고
고마워할 일들은 항상 가슴속에 간직하기를
잡초는 몇 번을 밟혀도 고개를 들지만
꽃은 한번을 밟혀도
고개를 들지 못하네.

인연은 자신이 만드는 것

이 세상 만물 중
인연 아닌 것이 없고
눈에 보이는 만물은
가까운 인연인데
인연은 자신이 만드는 것
만나는 사람마다 스승이고
하는 일마다 공부가 되니
마음 따라 모든 일은 변하네.
발자국마다
걸어온 자취가 되고
성인들 말씀 중 한마디 한마디가
우리들 가르침이라네.
두 귀로 잘 듣고
열 번 생각하고
한 입으로 말하라.

업생의 연장인가

속은 텅텅 비어도 소리내기 위해
속을 채우지 않는 자비의 습성
맑은 소리 내어 보시하는구나.
맞는 목탁이 때리는 채보다
더 멀리 숲 사이로 퍼져가니
너와 나의 인연 떨어질 줄 모르는
업생의 연장인가.
동쪽 하늘 먼동이 트고
온 세상 광명이 비칠 때
중생들의 마음속 깊이 깨달음을
때로는 신비롭고 때로는 장엄하게
소리 내어 보시하리라.

업

희미한 달빛 속에
스쳐가는 바람소리

선풍에 실려 오는
낯익은 풍경소리

가슴 울렁이던 고뇌를
머리에 이고

눈보라 휘날려도
홀로 서 있는 미륵바위

얼마를 더 지나야
업이 소멸될지

달빛에 물어봐도
말이 없구나.

산과 눈

온 세상이 눈 속에 갇혀버렸네.
앞을 분간할 수 없게 쏟아지는 눈
푸르던 산도 눈 속에 묻혀버렸네.
나무는 눈 무게를 버티다 못해
부러지고 쓰러져 잠이 들었네.
하얀 눈 속에 파묻힌 산봉우리
훈훈한 바람 불어와 녹아내리니
개울물 이웃 만나 뚱보 되어 넘쳐
산 높고 물 깊어 바다를 이루니
마음속에 우주가 들고 나는구나.

썼다 지웠다 또 쓰는 심정

차가운 달빛 아래 바람마저 쌀쌀한데
달은 구름 속에 몸을 가리고
눈 쌓인 골목길 밤늦게 혼자 걸어본다.
희미한 가로등 나의 외로움을 아는지
바르르 떨며 칼바람 가슴속 파고든다.
마음마저 버린 사람
그냥 편안히 있도록 해주세요.
수천 자를 지우고 다시 쓰는 심정
그대가 모를 테니까,
또 쓰고 지웠다 다시 써야만 하니까,
마음 편히 있도록 해 주세요.

은행나무

봄볕 따뜻해 물이 오르면
은행나무 잎 다투어 뾰족뾰족.
무더운 여름날 짙은 그늘 만들 때면
학생들 도시락 먹느라 재잘댄다.
가을이면 노란 옷 곱게 입고
통통한 열매가 주렁주렁.
냄새는 고약한 해우소 사촌
위험을 무릅쓰고 나무에 올라가
많은 열매를 털었는데
비바람 불던 어느 날 화가 났나
와르르 쏟아버린 은행나무 잎.
삭발을 하였으니
앙상한 나뭇가지가
좀 쓸쓸하고 추워 보인다.

민들레의 생명력

장소와 때를 가리지 않고 짓밟혀도 돋아나는 잡초, 뿌리가 열 번 백 번 찢겨도 그 속에서 그 숫자만큼 새싹이 돋아난다. 이파리만큼 꽃대가 한꺼번에 피지 않고 차례를 기다려 피는 꽃, 사람들은 나물로 약초로 요긴하게 이용하고, 꿀이 많아 멀리서 벌들이 날아들고, 잎사귀나 줄기를 자르면 뿌연 액이 나온다. 그 효능은 백발은 검어지고 종기에는 그 염증을 거두어준다 했다. 자비의 어진 모습, 씨앗이 되어 바람을 타고 멀리멀리 날아서 뿌리를 내리니, 그 용기가 마음을 사로잡는다.

방귀소리

산사에서 법회 열리던 날
많은 신도 모인 조용한 법당에서
스님은 열심히 법문하시는데
체면불구 염치없는 방귀
몸부림치며 나오려 하네.
발꿈치로 막아볼까 아차 실수로
방귀소리 부으응 연발이고
고요한 법당 공기
설레설레 두리번거리고
출처 궁금 시선들 가슴 조여 오는데
부처님께 죄가 되는 것 같아
손을 가만히 들어 보이는
젊은 보살님
수줍어 빙그레
스님도 웃고 보살님도 웃고
부처님 모습도 자비로워 보이네.

3부

그때 그 시절

옛 어린 시절 고향

구름이 가고 바람이 부는 사이
어린 시절 고향의 모습은 변하여
산과 들은 아파트가 자리잡고
동네 뒷산은 고속도로가 되었네.
커다란 바위는 옛 모습 보존하고
굽이쳐 흐르던 물은 곧게 흘러가네.
아침에 찾아온 해님은 서쪽하늘 그리워
노을만 남기고 사라져 가는 순간
물 위에 남기고 사라져 가는 순간
노을만은 옛 모습 그대로였다.

고향

푸른 하늘 높은 곳에
한 많은 사연들
구름도 바람도
세월 속에 쉬어가고
옛 고향 정이 듬뿍 들어 있는 곳
구름 밖 천리인들
가고픈 뜻이야 없겠는가?
산사에서 보낸 세월
고향 하늘 멀고 아득한데
마음이야 달려가고 싶지만
반겨줄 사람 없으니
마음속에 간직하리.

옛 시골장

소 몰고 장에 가는 이웃집 아저씨
송아지 젖 빨며 비실비실 따라가고
달걀꾸러미 들고 장에 가시는 할머니
걷다가 가끔 허리 펴시네
벌써 나뭇짐 팔아 장본 아저씨
지게에 동태꾸러미 매달고
대포 한잔에 갈지자걸음 한창인데
늦게 집 나선 아낙네
급히 걷다가 좁은 길 마주치니
수줍은 얼굴 어쩔 줄 모르고
떠들썩하던 장터에도 해가 기우니
북적대는 장터가 쓸쓸해 보인다.

옛날에 서리가 있던 시절

오십 년 전 식생활이 넉넉지 못해 주로 농사를 지어 식생활을 해결할 때, 지금같이 문화가 발달한 때가 아니어서 모든 환경이 어렵고 고달플 때, 들에나 산골에서 가끔 연기가 나는 곳은 보리나 콩서리 때문이다.

또래끼리 모이면 재미스런 일들이 많다. 수박서리 참외서리 설익은 과일 먹고 배탈이 나 말 못하고 참아야 했던 고통, 겨울에 닭서리 말이 나오면 한 사람 지정해 준비하도록 한 다음 그 친구 집에 가서 닭 잡아와 삶아 수저가 오가던 그때가 그립다.

낮에 만나면 서로 시치미 떼고 발뺌하면 젊은 사람들 모여다니며 장난스런 실수, 부모들은 모르는 척 하던 꿈 같은 시절, 전설 같은 추억으로 남아 있다.

보릿고개

그때 그 시절 겨울에는 할일이 없어 추위와 싸우다 봄이 되면 먹지 못하고 배고파 쑥 뿌리 캐다 죽 쑤어 먹고 장리 빚 얻어 겨우 끼는 이어가다 보릿고개 넘기지 못하고 부황이 나는 사람도 있었다. 죽지 않으려고 영글지 않은 보릿목 따다가 볶아 죽 끓여 먹고 살았다.

1000평에서 나오는 수확이 지금의 200평에서 나오는 수확이나 비슷하니, 그때가 힘든 생활인 것을 알 수 있다. 지금은 좋은 시절, 기계문명의 혜택에 수확도 많고 힘도 안 들고, 그래도 농사를 못 짓겠다고 한다. 노령화 되어 그렇다. 농촌은 앞으로의 문제가 더 걱정이다.

괴로웠던 왜정 36년

해방되기 전만 해도 식량과 놋그릇, 귀중한 물품 모조리 공출로 빼앗아 갔으며, 왜정말기 갖은 약탈과 구박 속에 그들은 우리 땅을 빼앗고 갖은 악법 만들어 말까지 빼앗고 창씨개명을 하려고 했다.

어린 학생들 우리말을 하면 교무실에 끌려가 갖은 고통 그 잔악한 역사를 상상해 보며, 히로시마 원폭으로 광풍을 불어온 8.15해방, 지평선 어디선가 승전을 울리는 만세소리, 잃어버린 땅과 언어를 찾은 기쁨.

압록강 두만강 한강물을 다 마셔도 갈증이 나 목이 멘 그날이여, 삼천만은 알리라, 그때 해방의 날, 조선독립만세 만세를 불렀다.

완행열차와 고속철도

가까이 기적소리 들린다.
힘껏 달려가 열차에 오른다.
기적소리 울리던 대전행 완행열차
석탄 태워 힘겹게 오르던 양정 고개
때로는 뒷걸음 칠 때도 많았지.
연착은 왜 그리도 잘하는지
기다리다 지쳐 통학생 지각은 보통
1950년대 검은 연기 하늘 높이
내뿜고 달리던 이 길에
2005년 전기를 사용하는
몸매 세련된 빠른 KTX 한국 고속철도 위를
미끄러지듯 달린다.
자동화된 시설에 가만히 섰으면
계단이 올라가고 내려가니
버튼 하나만 누르면 차표 한 장 나오고
카드만 스쳐도 개표가 끝나는 세상이지만,
헐은 나무의자에 담배 연기 자욱한 대합실
이웃사촌끼리 오고가던 정담은 어디 있을까.

내가 겪은 육이오

아무 영문도 모르고 6월 26일 월요일 통학차에 올랐다. 대전역 도착 땐 살벌한 느낌, 많은 죄수들 서울서 내려와 경찰에 끌려가고, 대전중학교 들어서니 초상집 같은 느낌, 오학년생(고등학교 2학년) 선배들은 학도병 지원하자 열변을 토하고, 기약 없이 학교는 폐쇄되었다.

삼 개월 후 학교에 가봤을 때 비행기 폭격에 대전 시내는 잿더미, 남침으로 조국강산 폐허가 되고, 가정이 파괴되어 이백오십만 생명이 희생된 쓰라린 역사, 피신하느라 더위도 잊고 벼이삭 수수목 숫자 헤아려 무엇하리.

말조심 안 하면 총살 하겠다 위협하고, 16세 이상이면 보국대 안 가려 굴에 숨어 지내고, 치안대 조직하여 머슴살이 하던 사람들이 완장 차고 감투 쓰니, 먹여 살린 주인들을 반동분자로 몰아 갖은 악랄, 순리대로 살지, 하늘 높은 줄 모르고 세상 말세였다. 가족끼리도 서로를 감시하는 세상이 내가 겪은 6.25였다.

옛날과 현재

옛날에는 자손 번창하면
그 집안은
잘되는 가정으로 생각하고
아기 많이 낳았지만
질병으로 사망률이 높았다.

지금은 한 둘 낳으니
이제 정부 정책은
앞으로 아기 많이 낳으면
보조금도 준다고 하니
세상은 많이 변했다.

지금은 특기만 있으면
출세할 수 있는 길이 열렸으나
선생님을 가볍게 알고
부모님을 공경할 줄 모르니
마음 아프고 서글픈 일이다.

옛날 서울과 시골

도시에 살던 사람 시골 구경 와
일꾼들 밥사발 보고 깜짝 놀라
시골사람 밥 많이 먹어 못 산단다.
들깨나무 무성하게 자라 꽤 많이 쏟아지니
쌀 나무는 정자나무 같이 크겠다고
보여 달라 조르네!

시골사람 서울구경 갔는데
번잡한 거리 네온사인 반짝이고
들려오는 노랫소리 흥을 돋우는데
유성기에서 흘러나오는 노랫가락
그 곳에 사람머리 들어가 있다고
보여 달라고 자꾸만 조르네!

연산의 달밤

희미한 달빛 속에 스쳐간 저 그림자
모자 구두 해와 달은 비극의 암호였나.
따쿵 꽝 소리 천지를 흔들어 대는데
골목마다 신음소리, 이 가슴 울리는구나.
내 부모 내 형제는 어디로 가셨나요
아—아 괴로운 연산의 달밤이여.

차가운 바람 속에 희미한 달그림자
모자와 구두, 해와 달은 공포의 밤이었나.
대둔산 구비마다 숲속을 헤치며
생과 사를 넘나드는 오늘과 내일.
내 이웃 내 친구는 어디로 가셨나요
아—아 괴로운 대둔산 달밤이여.

까만 구공탄

찬바람 불기 시작하면
연탄은 자기 몸을 태워 추위를 녹인다.

좋은 음식을 많이 만들던 연탄
활활 타다 불꽃이 꺼질 때면
그 화려했던 자리를 내주고
길가에 버려져 짓밟혀 버린다.

어제의 모습은 흔적조차 없고
그 누구인들 검은 연탄이 허옇게 된
이 사실을 탓하여 무엇하리.

필요할 때와 없을 때의 차이가
다른 것을 뒤돌아보게 하는구나.

부모님의 자존심

왜정말 먹고 살기 어려운 시절, 정미소 탑세기 얼기미체로 치신다. 한가마 치면 나락과 풀씨(피) 서 되, 며칠 고생하여 찐쌀을 만드신다. 소나무 껍질 벗겨 우려 쌀과 섞어 송기떡 동네사람들 하나 둘 오시면, 식구 수대로 나누어 주셨다.

어머님 땀과 먼지투성이, 힘든 과정을 알 수 있다. 또한 통나무 밑둥치 쪼개기 힘든 부분만 사 오셔서 어렵게 지내시는 분들에게 일을 시킨다. 하루 종일 일해도 별 표적이 없다. 저녁에는 고단해 그냥 가시면 가족들이 와 식구 수대로 밥을 넉넉히 드린다.

나는 어린 마음에 '잘 쪼개지는 것을 사오면, 저분들이 고생을 덜 할텐데'라고 말을 하면, 잘 쪼개지면 저 사람들 할 일이 없다고 말씀하신다. 어려운 사람 품삯을 주기 위하여 일을 시키는 것이다. 일본사람들 눈치 보여 그냥 도와 줄 수 없는 입장이다.

남자의 마음

아버지는 엄격하시면서도 다정하셨다
어려운 일에 부딪히면 힘주어
손을 잡아 주시던 인자하신 아버지
배움이란 때가 있기에 열심히 공부하여
좋은 사람 되라고 격려하신 아버지
언제나 든든한 버팀목이 되어 주셨다.

복은 검소함에서 생기고
한 순간 참지 못하면 죄를 범하는 것이다.
이웃과 다투지 말고
형제간에 우애 있게 살아야 한다.
당부의 말씀 간절하게 듣고 싶은 목소리
생각할수록 눈시울이 젖어 앞을 가린다.

명예에 집착하는 욕심은 버리시고
남의 그릇됨을 꾸짖고 탐냄이 없으신 아버지
이웃을 배려하고 소리 없이 봉사하시며
묵묵히 앞만 보고 정의롭게 살아가신 아버지

바람처럼 가시는 길도 맨몸 빈손으로 가셨으니
그리움에 사무친다.

그리움을 마음속에 깊이 남겨두고,
인생은 허무한 한 점의 구름 같은 것
죽음은 풀잎의 이슬과 같다고 할까.
"왜 좀 더 기다려 주지 않고 훌쩍 떠나셨습니까."
이제 와서 후회한들 무엇하며
목메어 불러봐도 아무 소용이 없다.

정갈하게 정성들여 차린 제삿상
"행여나 오시는 길이 너무 멀으셨나요?"
아버지 술잔에 가득 부어 올리는데,
정성이 부족하여
평소에 좋아하시던 음식은 빠뜨려졌는지,
불효자는 머리 숙여 두 무릎 꿇는다.

소리 없는 눈물

어려서 부모님 돌아가신 사람들
부모의 마음을 전혀 모르다가
본인이 자식 낳고 보니
부모의 심정을 조금은 알 것 같아
갑자기 눈시울이 뜨거워
지난날을 그려본다.
힘들고 험한 세상
하소연할 곳도 마땅치 않아
포장마차 따끈한 소주 한잔
그러나 본인 아니고 그 누가
그 심정을 알랴 소리 없는 눈물
혹독하고 엄한 부친 멀리하며 자란 사람
나는 그런 부모가 안 되겠다고
다짐했지만, 자신도 닮아가는 것을
고통스러워하며, 좋은 아버지 되기 위해
책임감이 두려워 소리 없는
눈물이 앞을 가리네.

가는 마음 보내는 마음

엄마 품을 떠나 초등학교 가는 어린 마음
보내는 엄마의 마음
정든 학교 졸업하는 학생들 마음
보내는 선생님 마음
좋은 직장 첫 출근하는 본인의 마음
보내는 가족들 마음
정년퇴직하여 돌아온 본인의 마음
맞이하는 가족들 마음
빠른 시일에 쾌차하여
돌아올 줄 알았는데
말없이 영영 돌아오지 못하는 길
슬픔에 잠겨 문상을 받는 상주들 마음
인연 따라 오고가는 주어진 운명의 길
수레바퀴 같은 인생
슬픔도 한마당 기쁨도 한마당
인생극장 막을 내리네

어린 시절

8.15해방, 생활고에 시달리던 시절
교통수단 좋지 않아 열차 지붕 위에까지
사람들은 벌떼처럼 매달려 다녔으니
굴속을 지날 때 연탄재 날려 숯장수 되니
얼마나 위험하고 안타까운 일이었던가.
미국의 식량원조로 밀가루 배급
설탕과 눈깔사탕으로
배고픔을 달래던 어린 시절 아이들의 놀이
고무줄넘기 제기차기 공기놀이 자치기
말 타기 땅뺏기 줄넘기 하며
삼복더위 동네 개울에서 미역 감다
달리기 시합, 씨름도 하고
물고기 잡는 재미에 해가 저물어
부모님 꾸중 듣던 때가 있었지.

똑같은 사람

거울을 바라보니
거울 속엔
또 한 사람 나를 닮았네.
좀 잘생기고
예뻤으면 좋으려만
혼자 속삭여본다.
대답이 없다.
밝은 모습으로 미소지어 본다.
마음이 어떤 모습일까
너를 대하는 순간만이라도
나는 옷소매를 가다듬고
머리를 매만지고
모양을 고쳐보고 신경을 쓴다.
특별한 날도 아니련만
묘한 생각
오늘은 즐거운 날이다.

이름 석 자

잠시 머물다 가는
나의 흔적은 어떤 모습일까.
저 잘났다고 큰소리 내어 떠들고
돈 많다 목에 힘 들어가
겸손하지 못한 사람들
무엇을 어떻게 남기고
이 세상을 떠날 것인가.
떠나는 길에는 아무것도
내 것이 아닌 것을,
사랑했던 사람도
소중했던 물건도
누가 당신 것이라고
동행할 수 있을까.
모든 것이 부질없는 일
이 세상 머무는 동안
잠시 빌려 누리다가 돌려주고
빈손으로 떠나야 하는 것을.

나이가 들면

오늘 가던 십리 길이
예전에는 가까웠는데
홀가분하던 이 길이
이제는 버거워졌네.
밝기만 하던 눈이
침침해져 오고
쨍쨍하던 두 다리
발걸음이 허둥지둥
잠이 쏟아져 짧기만 하던 밤이
새벽이 너무 지루해
공상 속에 뒤척인다.
방금 한 말 반복하면
잔소리로 고개 돌리고
되물으면 몰라도 된다고
일축해 버리네.
그 무엇이 날 먼 곳까지
데려다 놓았나.

죽음에서 헤어나

6.25사변 피난길 비행기 폭격
우박처럼 쏟아진 총탄
호마와 조랑말이 죽고
짐 보따리 총구멍에 아찔한 순간들
군 제대 무렵
부산역 부두에서 살인 강도 만나
죽음 직전 헌병대에 의해
위기를 면하고
직장생활 하면서
전기 감전되어 저승도 갔다 오고
연산고향 가던 중 도마동 철길
한가운데 멈춰버린 버스,
초상집 가던 중 버스에 치어
공중으로 솟았다 떨어져
목뼈와 갈비뼈 여러 개가 부러져
수개월 고생했던 일
죽음 직전 살아난 것은 아마도
평생을 기도하신 어머니 덕분이다.

넓은 마음 좁은 마음

앞을 멀리 바라보면 수만 리
산봉우리 눈앞에 다가와
세상이 한없이 넓게 보이지만
마음을 좁게 가지면 손톱 밑에 가시도
잘 보이지 않으면서 아프기만 하구나.
흐르는 세월은 길고 멀기만 하고
인생은 짧고 예술은 길다 했으니
급하다고 갈팡질팡 걷지 마라.
꿈과 희망은 과거에는 없고
미래에만 있는 것이니
모든 일은 신중히 생각하여 행하라.

아줌마

어린 시절 부모님 따뜻한 정성에
귀여운 자녀로 사랑을 받았고
세월이 변하는 동안 즐거운 시절
결혼하면서 가정을 책임지는
귀중한 사명감 지혜와 인내심으로
행복한 가정을 만들어가면서
자녀들 훌륭한 사람으로 길러내고
남편을 잘 섬기는 현모양처로 살아간다.
시대에 따라 직업전선에 동참하여
남성들 못지 않게 활동하고
나이가 들면서 사회의 자원봉사자로
활동하시며 이웃을 돕는 분도 많다.
이것이 생활력 강한 아줌마다.

친구 따라 삼십 리

온 세상에 폭설이 내릴 것 같은 느낌
사정이 딱한 친구
혼자 가는 게 안 돼서 따라나섰다.
삼십 리가 넘는 대둔산 골짝
빨치산들 머물던 소굴 같은 쓰레기더미
공비들 소탕하느라 산에 불을 놓아
검은 연기 밤하늘 뒤덮었던 3년 전 참혹함
가벼운 땔나무 까치집 정도 짊어진 두 사람
눈 내리는 산길을 몸에 땀이 나도록 달렸다.
앞을 분간 못할 정도 내리는 눈
방향 몰라 낭떠러지 떨어져 구르고
상처 난 줄 모르고 서로 힘을 모아 부축하고
집을 향하는 길은 너무 험난한데
해가 저물어 어둠이 발길을 잡는다.
눈길을 헤쳐 가는 두 사람
어쩌다 사서하는 고생길이었다.

이산가족 60년 세월

코흘리개 젖먹이 집에 두고
십일만 있다 오겠다던 말,
육십 년 세월이 코흘리개 노인 되고
부모는 구십이 넘어 백발이 되었구나.
강산이 수십 번 변하는 동안 이산가족
그래도 혈육은 아는지 목매어 부르는 소리
눈보라 휘날리고 폭풍우 몰아쳐도
부모형제 변할 리 없고 그리웠던 사람,
이제 만나보니 눈물이 앞을 가려
말을 잊지 못하네.
하루 속히 통일 되어 그리웠던 사람들 만나
행복한 날을 꿈꾸며 살아가기를.

4부

금초와 벌떼

가랑잎 소리

맑은 날이나
흐린 날이나
떨어지는 소리
바람이 불면 더 멀리
날아가 구르는 소리
밟히면 엄살인 양
바스락 바스락
가랑잎 소리

간판

오고가는 사람들 바라보면서
수많은 간판들 이름 알리기 바쁘고
거리마다 네온사인 요란한데
크고 작은 간판들
내 이름을 기억해 주기 바라네.
밤낮없이 오고가는 사람들
수많은 길 찾아 헤맬 때면
이정표가 그립구나.

까맣게 멍든 엄지손톱

급하게 내리다 실수로
엄지손가락 차문에 찧고 종종걸음
자신도 모르게 호호 불어본다.
약사는 눈물이 나도록 아플 거라 말하고
나도 몹시 아픈 것을 억지로 참았다.
손톱은 자꾸만 까맣게 멍들어 가고
보는 사람들 까만 손톱보고 놀란다.
바라보는 사람 마음 아파하기에
장갑을 끼고 다니니 아무도 말이 없다.

거시기

사람들 중 말을 하다 기억이 안 나면
무의식중 거시기란 말이 나오는데
때와 장소에 따라 거시기란 말을 하면
바로 알듯이 친구들과 대화하다 모르면
거시기부터 찾는다.
어느 국회의원 거시기 때문에
한바탕 웃음이 터져 나왔다지만
질문을 받는 사람도 거시기에 대하여
생각을 해보겠다고 답변을 하였다.
거시기는 말 하는 사람도 듣는 사람도
생각하기에 따라 잘 소통되는 거시기
잘도 통하는 말 거시기.

걷는 마음

넓은 천지 흐르는 세월 속에
어디를 가든 걷지 않는 사람은 없다
걸어서 가야하는 발걸음
비탈길 걷다가 넘어지면 앉아도 보고
바쁘면 빨리 가고 급하면 달려간다.
넓은 도로 질주하는 차들 마음껏 달리고
비행기 타고 기차도 타지만
걸어야 하는 것이 인생이기에 또 걷는다.
건강과 행복 모두가 자신을 위해서
슬프나 좋으나 괴로워도 걷는다.
만물 중 걷지 못한다면 얼마나 답답하고
괴로울까 그런 때 생각해 더 걷는다.

고달픈 세상살이

차가운 밤하늘 별빛도 차가운데
홀로 소리 없이 흐르는 눈물
자식의 카드빚 독촉장 바라보며
땅이 꺼져라 한숨소리 문풍지에 합세하네.
압류 통보 받아들고 담보 잡혀 빚 갚아도
한도 끝도 없는 세상원망 걱정 속에
한숨으로 토해내고 줄담배 연기 속에
하루빨리 세상살이 좋아져서
세상 모르고 날뛰는 젊은 사람들 앞날에
희망과 용기를 심어 주었으면 좋으련만
오늘도 빚 독촉 가슴 조여 오는데
경매 통보에 벙어리가 되었다.

공사장에 흩어진 자재들

공사 맡으면 많은 장비 동원되고
부속 하나 빠져도
기계는 작동 못하고
건축을 위해 구성된 수많은 자재들
공사가 마무리되고 나면
사용할 수 있는 자재들
좋은 물건도 쓰레기 신세
다른 용도에 적절히 이용되면 좋으련만
그런 방법은 시간낭비라고
외면해 버리니
그것들은 아까워도
쓰레기 더미로 폐물이 되어간다.

구지 뽕잎

먹으면 몸에 좋다기에
파란 구지 뽕잎 송송송 썰었더니
믹서기에 들어가
춤을 추다 피곤해
밀가루 속에 들어갔다
파란 반죽 되었네.
홍두깨가 무서워
애동 호박 끓는 물에
뛰어드는 칼국수
구슬땀 흘리며
한 그릇이 적다고
넘실대는 수저
바라보는 사람
웃음이 방안에 넘쳐 흐르네.

그림자

별빛이 흐르는 하늘 아래
밝은 달밤 그림자
걸을 때도 같이 걷고
잡으려 하면 잡히지 않네.
떼어놓으려 하니
떠나지도 않네.

해가 지면 어디로 갔는지
흔적조차 보이지 않네.
전등불 아래선 가까이 와 있네.
너는 무엇을 원하기에
그리도 나를 잊지 못하나,
무슨 사연이 그리도 많기에
그림자가 되어 떠날 줄 모르나.

금초와 벌떼들

일요일을 택해 가족들이 모여
금산으로 금초에 나섰다.
장마가 계속되어 풀이 무성하다.
길이 없어져 예초기로 길을 내는데
많은 시간이 걸렸다.
묘소에 풀이 많아 각자 풀베기 열중인데
한쪽에서 벌떼 소리가 들린다.
준비한 에프킬라 동원하여 소탕작전
벌들은 남녀노소 구별 없이 집중공격
벌에 쏘인 세 사람 가까운 병원으로 이송
나머지 사람들 계속 작업 중인데
나는 외출 나갔다 온 벌한테
이마를 정통으로 쏘여
얼굴이 고르게 부어 별 표적이 없다.
일주일 간 부기가 있어
미남소리 들을 정도 살결이 고왔다.

나는 새

산허리
돌아 돌아
맑은 물소리
졸졸
흐르는데

숲속을
누비는
산새
바람 따라
깃털이 날리고

그대 찾아
오르는 마음
높이 날아
하늘 끝
한 점.

네 살 난 손자

2003년 7월 30일 토요일 밤 9시 30분
전화벨이 요란스럽다.
여보세요, 대전 할아버지 동현이에요.
옷 입고 가요.
뭐야?
반바지 새 옷 입고 가요.
지현이 누나도 같이 간다고 하네요.
할머니 계셔요?
할머니 급히 와 전화 받는다.
와이야, 동현이냐?
할머니 내일 가요, 집에 계셔요.
어린이집 다니더니
몇 달 사이 의젓하게 말하는
전화 속 인사가 대견스럽다.

누에고치

험한 세월 짊어지고 허리가 굽을 때까지
쌓이고 쌓인 세월 언제 좋은 세월 만나려나.
마중을 나가보고 기다렸지만
가는 세월 잡을 길 없어
둥글게 둥글게 집 짓다 보니
해도 가고 달도 가고 너도 가고 나도 가네.
소중한 세월 아쉬워하며 후회한들 무엇하리.
가는 세월 미련 없이 보내주마.

딱따구리

깊은 산골짜기 인적 드물고
단풍잎만 자리 찾아 나뒹구네.
갑자기 내린 가을비 옷깃을 여미고
성큼 겨울이 오려나 보다.
고목나무 가지는 앙상한데
힘차게 두들기는 딱따구리
산천 적막을 깨는구나.

만물들이 존재하는 이유

물고기가 물속에서 갈증을 느끼고
깊은 숲 그늘에서 더위에 허덕인다면
그 무언가 어울리지 않는 느낌이 든다.
만물을 생존하게 하는 환경에
무언가 어긋난 징조인 듯하다.
먹다버린 음식찌꺼기는 미생물들의
좋은 영양제 되어 자라게 만들고
토양을 살리는 걸음으로 탄생한다.
하물며 만물의 영장인 인간은
존재의 이유를 깨닫고 후대에
좋은 환경을 물려줄 책임이 있다.

말 없는 청산

산을 찾아 올라온 많은 사람들
정상에 잠시 머물다 내려간다.
산이 좋아 오르고 또 오른다.
구름도 뭉쳐 다니다 흩어지고
솔바람 불어와 나뭇가지 어루만지고
산속 식구들 만나고 헤어지면
산이 얼마나 높고 깊은지 몰라
푸른 하늘 바라보다 산밑 내려보네.
물속 깊이 들어가 쉬고 있는 달님은
청산이 그리워 너울만 친다.

말의 마법

옛날에 만득이라는 백정이 있었다. 어느 날 두 양반이 그에게 고기를 사러갔다. 그 중 한 양반은 습관대로 야 만득아, 쇠고기 한 근만 다오 하고 명령하듯 말했다. 만득이는 네 하며 고기 한 근을 내주었다. 다른 양반은 박 서방 고기 한 근만 주시게, 하고 부드러운 음성으로 말했다. 그런데 그 고기는 언뜻 보아도 먼저 양반의 것보다 훨씬 커 보였다. 똑같은 한 근이라고 말했는데, 차이가 많이 나자, 앞의 양반이 화가 나 따졌다. "이놈아, 같은 한 근인데, 이 양반 것은 많고 내 것은 왜 적으냐?" 그러자 만득이는 당연하다는 듯 이렇게 말했다. "손님 것은 만득이가 주는 것이고, 저 손님 것은 박 서방이 자른 것이기 때문에 그렇지요."

매미

팔년 고행 끝에
일주일 울려고
긴 세월 노력하여
명창이 되었구나!

메아리

산골짜기에 화려한 오색 단풍잎
함성이 터져 나올 듯 마음에 꽉 차
부푼 가슴 소리 높여 외쳐본다.
대답하듯 산울림 되어 따라간다.
그 곳은 앵무새의 서식처인가,
예쁜 소리로 산울림 되는 걸까,
즐거운 마음으로 다시 외쳐 본다.

목욕탕

어린 시절 물 둠벙, 개울에서
멱 감던 때는 옛날
지금은 문화가 발전되어
목욕탕 사우나탕
편리한 곳 찾아 몸 관리하는 곳
잘난 사람 못난 사람 구별 없고
세상살이 평등한 곳 목욕탕
들어갔다 나오는 사람들 마음
시원한 몸 깨끗해 좋으련만
마음만은 천차 만차이겠지.

몽당연필

어깨에 책 보따리 달랑 매고 신발이 귀해 맨발로 불편함을 모르고 다니던 시절, 누런 백노지 곧게 썰어 맨 공책 대나무 조각자로 줄은 좁았다 넓었다 제 멋대로 달력 떼어 책 겉은 포장하고 몽당연필 침 바르고 꾹꾹 눌러 쓰다가 연필심 부러지면 당황스러워 짧아진 연필심 바라보며 코흘리게 숨저고리 끝동 반질반질, 눈비 맞으며 개근상 타야 하는 줄 알고 결석은 절대 안 하고 숙제검사 때 동그라미 다섯 개 맞고, 벌 날 듯 집에 와 자랑하느라 신바람, 갑작스런 소나기 시냇물이 넘칠 때면, 어른 등에 업혀 검정고무신 물에 빠질세라 발을 치켜들고 물살이 너무 세어 아저씨 걸음도 비틀비틀 조심스러웠던 때, 그때 그 시절이 아득하고 먼 옛날이네.

벌

이른 저녁 발걸음 닫는 대로 거닐면
푸른 버들가지 산들바람 스쳐가고
밤하늘 고요한 달빛 속에 찬이슬이
긴 바지 끝자락을 적신다.
노란 개나리꽃 달빛에 취해
말없이 줄줄이 졸고 있다.

밤새워 잠자던 꽃망울들이
아침햇살에 웃어 보일 때 벌들은
향기 찾아 날아들어
꽃가루 옮겨가며 열매 맺는 동안
너는 자원봉사자
알아주는 사람 없어도 열심히 일하는데
열매보고 탐스럽다 말을 하니
너의 공덕은 허공에 떠있다.

바다의 신비로움

드넓은 바다 잘 변하는 요물단지
갑작스러운 거센 파도는
뱃전을 두드리며 큰 소리로 울어댄다.
그렇게 무섭고 사나운 파도라도
평온한 모습으로 변할 때
바다는 신비롭고 아름답다.
구름이 되고 비가 되어 다시 내린다.
높으면 낮추고 낮으면 높여서
높이를 평평하게 맞추는 바다
끝없는 하늘과 바다
그리고 고기떼들
희망을 담고 떠나는 어선들
풍어의 기쁨이 넘칠 때
즐거운 함성 부푼 가슴들
젊음을 불사르는 희망 여기가 바다다.

바보

아무것도 모르는 사람 보고 바보라 한다.
알려주어도 모르기에 바보소리 듣는다.
어느 때는 천진난만하기 때문에
정해진 길을 가지 않고 아무데나 간다.
어감은 좀 어색하지만 사람들이 하는 대로
따라 하다가 싫으면 딴전을 부린다.
잘 타일러 가르치면 흉내는 내겠지
새벽에 조각달이 서쪽나라 찾아가듯이
무상 속에 영원을 사는 길이 아닌가.
그래서 일러줘도 잘 모르는 사람보고
사람들은 흔히 바보 같다 말한다.

번갯불

우물가 미루나무
하늘 높은 줄 모르고
솟아 있구나
구름 낮게 지나가다
부딪쳐 돌아가고
곳곳에 천둥소리
요란한데
쏟아지는 소낙비에
앞이 안 보이는데
번갯불 노발대발
벼락 때리니
죄 없는 미루나무
가지가 부러져
소리 없이 말라 가네.

똥독에 빠진 핸드폰

공중전화 앞에
줄을 섰으나 동전이 없어 물러서야 했다.

몸매가 날씬하고 예쁜 여인이
백 원짜리 동전
서슴없이 미소 지으며 내어준다
나는 너무도 고마웠다

95년 설악산 봉정암 이박 삼일 코스로
43명의 인원을 모시고 오세암에서
숙박을 하게 되었다
새벽에 화장실에 갔다가
핸드폰을 빠뜨렸다 나는 난처했다.

핸드폰 사용할 곳이 여럿이다.
애써 건져 놓으니
구린내 나는 줄도 모르고 잘들 사용한다
백원의 혜택을 보답했고
한바탕 웃음이 봉정암에 꽃피다

뼈다귀 탕

큰 가마솥에 들어간 뼈다귀
아궁이에 들어가는 장작개비
불 속에 들어가 더욱 열을 내는구나.
가마솥 입 다물고 견디다 숨이 막혀
한없이 뿜어내는 뿌연 안개 같은 김
시야를 가릴 정도 몸살을 앓는구나.
기다리다 못해 열어보는 아낙네,
소리 없는 하모니카 차례로 불어가며
빈 그릇에 모아놓고 흐뭇한 마음.

떠도는 인생

개나리 봇짐지고 떠도는 저 나그네
눈물이 서려 앞을 가리네.
갈 곳이 어디인고.
지나온 자국마다
전생에 무슨 업장 그리 많아서
팔도강산 다녀도 반겨주는 이 없어
밝은 달빛 따라 걷다보니
발길 닿는 곳이 내 고향이다.

5부

대합실 사람들

봄이 오는 소리

구름이 모여 있는 곳으로
달은 숨어버리고
온 세상은
어둠 속에 잠겨 버렸네.
밤새워 뒤척이던 꽃망울들이
아침 햇살에
웃음을 멈추고 깨어나네.

산수유 개동백이
산자락을 노랗게 물들이고
골짝마다 개울물들이
부딪쳐 흐르는데
따스한 햇살 아래
등산객 부부 이마에
땀방울이 송골송골하네.

산 다람쥐 가족들도
쑥 캐는 여인들도
웃음꽃이 가득하네.

사람다운 사람이 되려면

천길 물속은 알기 쉽지만
사람 마음은 알 길 없네.

화장실 갈 때와 올 때
다르듯이
때와 장소에 따라
변한다고 했으니
잘나고 못나고 마음은
같을 수 없고
서로의 생각이 다르니까
두 눈으로 살펴보고
두 귀로 잘 들으며
교만하지 말고
올바른 도리를 지킬 것이네.

여러 번 생각하고
한 개의 입으로 말하려네.

세상 사람들

나라마다 언어와 풍속
식생활과 문화가 다르겠지만
사람들 살아가는 이치는
비슷하겠지.
문화의 혜택으로 세상은 이웃사촌
모든 뉴스
안방에서 볼 수 있는 텔레비전과
전화가 한 몫을 한다.
하늘은
비행기가 유일한 교통이라면
바다에는 배가 떠다닌다.
차들이 질주하는 소음 속에
우주도 다녀올 날이 머지않아
생각만 해도
꿈 같은 세상
자연은 막을 수 없는 것
요즘은 디지털 세상
세월 따라 순응하는 게 인생이지.

손자 동현이

추석 성묘 길에
네 살이 된 손자가 운전대를 붙잡고
차가 왜 안 가느냐고 보채더니
곤히 잠들었다.

산이 높다 한들
물이 깊다 한들
손자 사랑만큼 높고 깊으랴.

높은 창공을 바라보고
넓은 바다를 가슴에 품고
온 세상이 초록빛으로
희망이 넘치는 큰 꿈을 펼치거라.

대장부 가는 길에 두려울 게 무엇이랴.
내 사랑하는 손자 동현아.

수능시험과 가족

새벽 오솔길을 걷는 저 여인아
산사 가는 길이 어떠하길래
그리도 빨리 가는가.

묻지 마소,
부처님께 합장하는
저 보살님 마음
자식들 시험 잘 보게 해 달라
마음 조이며
부처님께 매달린다.

백일기도 수험생들 원하는 대학
모두 합격시켜 주소서.
스님의 간절한 축원 들어 주소서.

관세음보살
관세음보살.

아기야 아기야

옛날에는 자손 많이 두면
다복한 가정으로 생각했습니다.

세계 인구가 팽창하면서 우리나라도 산아제한, 아들딸 구별 말고 하나만 낳아 잘 기르자고 외치던 때가 30년 전인데, 지금은 많이 낳으라고 권장하고 지원금을 주니 살기 힘든 시절 유산은 세상 무지하여 저지른 일입니다. 현 시대를 돌아보며 참회합니다. 현재 생활이 넉넉한 가정이 아기를 많이 낳고, 생활이 어려운 사람들은 맞벌이를 하기 때문에 적게 낳는 현상입니다. 인구는 줄고 수명이 길어지니 앞으로가 걱정되어 다문화 가정이 많이 늘고 있는 현실입니다.

단일민족도 옛 이야기입니다.

안전거리

앞차와의 거리를 무시하고 달리다
못 지키면 충돌사고다.

결혼 전 남녀는 서로 정성을 다해 상대방 마음을 다치지 않으려 노력했고 예의를 지키며 거리를 유지했다. 결혼을 하여 세월이 흐르면 긴장도 느슨해져 말씨와 행동이 제멋대로 거칠어진다. 원하지 않았던 엉뚱한 변화, 이것이 질서와 안전거리 위반이다.

부부 사이에도 분명 지켜야 할 거리
마땅히 질서 예의 배려가 있다.

대합실 사람들

나는 누구며
너는 누구인가
각자 소지품과 옷차림이 다르다.

눈빛들이 바쁘게 움직인다. 핸드폰 두드리는 사람, 커피 한 잔에 정담 나누고, 많은 사람들 떠드는 소리, 안내방송 들으며 개표하는 사람, 하행선 상행선 모두가 바쁜데, 홀로 앉아 열심히 메모하는 사람, 그 옆에 구겨진 채 버려진 신문지, 도깨비 시장 같다.

아차, 영문도 모르고
엉뚱한 사람이
청소부에게 물세례를 받는다.

오르막길 어린아이

사업이 잘 안 되던 무렵
가내 제품 포장하기 위해
자전거에 박스 많이 싣고
올라올 때
웬일인지 가벼운 느낌

내여섯 된 애기가
밀어 주는 것이 아닌가.
뜻밖에 도움은 너무도 고마웠다.
불러도 대답이 없다.

과자라도 사 주었으면
마음이 편할 텐데
오랜 세월이 흘러간 지금도
어린아이 생각
가슴에 머물러 있다.

* 잘 자라서 훌륭한 사람으로 성공하였기를 마음속으로 빌고 있다.

온정의 손길

너른 들판
황금빛이 술렁이고
농부의 땀방울이
추수의 기쁨으로
일렁이고
숨 돌릴 틈 없이
바쁜 가을걷이
한 톨이라도 흘릴세라
거두는 손길
가을엔
마음조차 풍요롭고
이웃과 주고받는 정
소담하게 담아서
서로 나누리.

옷차림

사람은 누구나
몸에 어울리는 옷과 색깔
마음에 맞는 것을 좋아한다.
많은 사람 중에
지나다 눈에 비친
칠순이 넘은
두 남지
길게 걸쳐 입은
두루마기 아닌
풍성한 코트 점잖다.
옆을 지나는 젊은 여인
날씬한 몸매
그는 양장을 하여
무릎까지 짧은 옷차림
각자 나름대로 어울리는
수수한 모습
모두가 편하게
살아가는 모습이다.

인생

짧은 인생
모두가 몇백 년 살 것처럼
그리도
애착을 가지고
부귀와 영화를 위해
애를 쓰는가!
올 때도 빈 손
갈 때도
빈손으로 가거늘
미련 많아서
눈을 못 감고
고통 속에 살고 있는 인생
모두가
업장 때문이리라.

인생길은 고해인데

떠도는 구름
어디로 가는지
허공을 쳐다보니
끝이 없고
스쳐가는 바람소리
길 막아도 잡을 길 없어라.
창파에 떠 있는
돛단배는
몰아치는 파도소리에
놀란 마음 졸이고
갈매기 우짖으며
높이 날아가네.
내 마음 가눌 길 없어
애써 잠을 청하네.

잡초의 생명

이름 모를 잡초들
강추위 속에서
잠을 자듯
숨소리조차 들리지 않더니
봄이 되니
눈을 비비며 나오는 모습들
파릇파릇 고개를 든다.

무성하던 잡초들, 찌는 햇살에 갈증을 못 견디고 시들어 버렸구나. 이제는 말라 죽었구나, 생각했는데 간밤에 내린 소나기에 모진 고통 이겨내고 다시 새싹이 돋았구나.

가을이 가고
찬 서리에 지쳐버린 일년초
모습은 초라하지만
뿌리만은 남겼구나.
통통하게 여문 씨앗들에게
생을 물림하고
서둘러 고향길을 떠난다.

장례식장

시대의 흐름은 막을 수 없는 것
가정에서 치렀던 장례가
문화의 혜택으로 활성화되면서
장례식장 입구에 조화가
줄을 이어가고 영전 참배 후
상주와 인사 나누면
각각 헤어지지만
지하에서 꽁꽁 얼어
자유가 없으니
장례만을 기다리고
관 속에 들어 움직이지 못하니
언제 자유 찾아
극락세계 가시려나.
영가시여, 장례식이 끝나면
자유 찾아 마음대로
훨훨 날아 가십시오.

절하는 마음

부처님께 절하는 보살님들
마음에는 갖가지 소원성취
말 못하는 마음이 오죽할까.
쌓고 쌓아 그렇게 원하건만

답답한 내 마음 보일 수 없고
언제나 자비의 마음 와 닿을 때
아는 듯 마는 듯 원하는 모든 것
내 마음 부처님께 공양 올리고

부처님께 속마음 빌던 그날
많은 시간 한 곳으로 모아져서
모든 분들 원하는 소원성취
간절한 소원 이루어 주소서.

죽음

태어나면 죽는다는 사실 앞에
그 누구도 피해갈 수는 없다.

사는 게 바빠 준비 없이
그 날을 맞는다.

아프지 않고 가는 사람
긴 고생하다 가는 사람

남을 위해 살다 가는 사람
자기만 생각하고 살다 가는 사람

어떤 사람을 떠나보낼 때
가장 애통할까.

죽음도 인생이기에
죽음의 복도 있어야 한다.

층층이 나무의 사연

재작년에 잎이 무성하고 꽃도 잘 피어
수국 꽃인 줄 착각을 했었는데
벌레의 먹이 되어 앙상한 줄기만 남았다.
가여운 층층이 나무
늦게나마 새잎이 돋아
꽃은 피지 못했어도 무성한 모습
가을을 바라보는 굳은 의지
찬사를 보낸다.
그 큰 나무도 지난해 중병을 치른 탓인지
잎은 무성한데 꽃을 피우지 못하였다.
많은 사연이 있었나 보다.
너의 깨끗한 모습
다가오는 해에는 좋은 꽃을 피워라.

파도

고요하고 잔잔한 수평선
푸른 바다
하늘 넓은 곳에 갈매기떼 날고
하얀 거품 몰고 파도가 밀려온다.
우뚝 솟은 바위에 철썩 부딪쳐
하늘 높이 올라 무섭다.
임실인 양 웅장한 소리
햇빛마저 놀래 차갑고 싸늘한데
부서져 버린 파도 뒤따라 온 파도는
즐겁다
연속 춤추며 바다에서 산다.

허영심이 있는 사람

넉넉하게 사는 사람들
값싼 옷 입고도
마음 편히 살아가는데
넉넉지 못해도
허영심이 있는 사람
똑 같은 물건을 같은 장소에
한쪽은 만원 가격을 붙이고
한쪽은 30만원 가격을 붙이면
30만원짜리 사 간다니,
한심스런 허영심 때문에
속고 사는 사람 서글퍼 보인다.
없으면서 있는 체 하는 마음인가.
알 수 없는 허영심
가격만 올리는구나.

형체 없는 이름

불어오는 바람 어디서 오는지
붙들려 해도 잡히지 않네.
허공에 공기는 보이지도 않고
마셔도 배부르지 않네.
햇빛 달빛조차 만져도 잡히지 않으니
빛으로 천지를 채우려 하네.
그림자조차 떨어질 줄 모르고 따라오네.
계절은 계절대로 바람은 바람대로
구름은 구름대로 허공에 떠다니고
해와 달은 빛으로 천지를 채우려 하네.
고픈 배 채우려 맛있는 음식들을 말로만
아무리 먹어도 배는 부르지 않고
수많은 말 좋은 소리 배낭에 주워 담아
짊어지려 하였으나 무게가 없어
가벼운 배낭 짊어지고 왔다.

흐르는 세월

해와 달은 사계절을 만들지만
흘러가는 세월은 만물을 외면한 채
수없이 흘러 멈출 줄을 모르고
따뜻한 봄날 꽃향기 나비를 부르면
나무는 꽃을 떨구고 열매를 얻는구나.
빗방울이 모여서 개울을 만들지만
물은 개울을 버리고 바다를 향해 달린다.
지난 날 무명의 그늘이 바람 되어 떠날 때
매년 세월은 되돌아 오는 것 같지만
만물이 성장을 멈추며 사라져 가는 것은
우주의 이치가 흐르는 세월 때문이런가.

술 또 술

술은 다정한 친구
마시면 얼굴은 발개지고
과하면 횡설수설
위 아래 몰라보고
언행은 거칠고
세상은 넓었다 좁았다

하늘은 빙빙 돌고
인간취급 못 받은 요물단지

죽음 복 있어야

그대는 무슨 업장 그리 많길래
수일 동안 장맛비 억수로 퍼붓는가
장지까지 비바람 천막을 수차례 날려
하관시 넘도록 기다려도 어쩔 수 없어
물 고인 곳에 매장을 하였으니
돌아서는 사람들 마음인들 어떠할까

화창한 봄날 만물이 생동하는 좋은 계절
그대는 어떤 공덕을 쌓았기에
꽃상여로 장지까지 삼십리 길
수많은 문상객 뒤 따르며 줄을 서니
호상이라 말하고 하관이 끝난 후
얼큰히 취해 돌아서는 사람들
흐뭇한 마음 웃음이 떠날 줄 모르네

시루봉의 바람과 고촉사의 불심

— 김창규 시집 『시루봉 가는 길』 해설

문학평론가 리 헌 석
(사)문학사랑협의회 이사장

1. 고촉사에 불심(佛心)을 심다

법산(法山) 김창규는 대전광역시 중구에 있는 보문산의 고촉사 신도회장이다. 부처님을 향한 일편단심으로 마음을 가꾸었을 뿐만 아니라, 신앙의 현실에서 부딪치는 여러 요소들을 갈무리하면서 평생을 보냈다. 그래서 그의 언행은 처처불심(處處佛心)의 깨달음에 의한 '자재(自在)'의 성향을 띤 것 같다.

고촉사는 김선행화 보살의 모친께서 창건한 절이다. 법산(法山)은 고촉사를 중건할 때부터 참여하였다고 회상한다. 「고촉사 가는 길」에서 〈집채만한 바위들이/ 트럭에 실려/ 가파른 길을 오른다./ 차곡차곡 쌓아지는 돌들이 예술이다.〉라는 시행(詩行)은 중건 후에 도로를 정비할 때라고 밝

힌다. 또한 「성장하는 고축사」의 〈완성 단계 될 무렵/ 중간 벌들 찾아와/ 같이 쌓았다고 말하겠지./ 성실한 토종 벌들/ 만고풍파 겪으며 묵묵히 일하면서/ 많은 벌들을 기다린다.〉에서 성실한 일면을 보인다. 이렇듯이 부처님을 공양하며 생활하기 때문에 그는 세상을 밝히는 등불이 되고자 한다.

빈손으로 왔다가
빈손으로 돌아가야 하는 길
인간사 모든 업장
깨끗이 소멸하고
빈 마음 빈손으로 합장하며
연등불에
어둠을 밝혀 보련다.
사랑과 자비를 깨우치는
은은한 목탁소리
다소곳이 관세음 보살.

—「연등」 전문

사랑과 자비를 깨우치는 목탁소리를 들으며, 그는 관세음 보살을 묵상한다. 그리하여 관세음 보살의 화신(化身)과 같은 연등이 되어 세상의 어둠을 밝히고자 한다. 이것이 그의 종교적 지향으로 보인다. 그는 고축사에 오는 불자들에게 「차 한 잔」을 대접하면서 행복해 한다. 〈녹음이 짙은 산마루에/ 향 그윽한 솔잎차/ 부처님 자비가 넘치는 정/ 녹아 있는 차/ 정성어린 대접에/ 산사의 하루는/ 자비의 미소가/ 가득 젖어〉 있다고 노래한다.

그가 갖고 있는 고촉사에 대한 사랑은 절대성을 띤다. 「우리 고촉사」에서 〈아름다운 보문산 하에/ 대자비 대광명이 충만하신 곳〉이라고 노래한다. 고촉사에 있는 「미륵바위」에서 자신의 지향을 되새기는 것도 같은 의미를 띤다. 〈비바람 몰아치고/ 눈보라 휘날려도/ 움직이지 않고〉〈말없는 약속〉을 지키는 바위와 자신을 동일시(同一視)한다. 이와 같은 신심으로 봉사에 앞장선다.

2. 처처(處處)에서 불심을 찾다

법산 김창규는 자신의 신앙을 고양함은 물론, 고촉사 신도회장으로서 사찰의 크고 작은 일을 손수 집행한다. 나무 한 포기, 풀 한 포기까지도 그의 손을 거쳐야 자리를 잡는다. 이렇게 정성을 다하는 것만이 자신이 할 일이라는 다짐으로 생활한다. 그리하여 많은 신도들을 위하여 뗏목의 역할에 충실하다.

그를 떠올리다 보면 『금강반야경』에서 읽은 뗏목의 비유를 떠올리게 된다. 〈가르침(法門)이 뗏목에 비유되는 것을 아는 자는 법까지도 버리고 떠나지 않으면 아니 된다. 하물며 법이 아닌 것(非法)은 더 말할 필요가 있겠는가.〉라는 구절에서 뗏목은 법문과 비(非) 법문을 모두 운반하는 역할을 다하고 있다는 생각이다. 뗏목(나룻배)은 행인과 물자를 싣고 나루를 건넨다. 고마운 뗏목이지만, 행인은 나루를 건넌 후에 뗏목을 나루에 남겨 놓고 떠나야 한다. 이렇듯이 내면의 욕망을 비워야 하는데, 생활에서 비움을 실천해야 하는 것이다.

이를 아전인수(我田引水)로 수용하면 문학에도 적용된다. 정도(正道)나 비도(非道)까지 버려야 한다는 것은 완전히 비움을 뜻한다. 이 비움의 바탕에서 다시 새로운 것을 채워 도(道)를 완성하고자 노력하는데, 기존의 창작행태에서 벗어나 새로움을 창작해야 하는 문학 특성과 동질적이다. 그래서 이 법문은 수도자는 물론, 문인이 평생 안고 가야 할 '숙명'이라 하겠다.

> 인간의 마음은 갈대처럼
> 떠도는 구름처럼
> 바람결에 몰려다니고
> 물 위에 떠 있는 얼음 조각도
> 파도에 밀려 갈 길 몰라 헤매는구나.
> 햇살이 비칠 때 어둠은 사라지고
> 강추위 속에서
> 바람도 갈 길 몰라 허둥대는구나.
> —「갈 길 몰라」 전문

> 발자국마다
> 걸어온 자취가 되고

성인들 말씀 중 한마디 한마디가
우리들 가르침이라네.
두 귀로 잘 듣고
열 번 생각하고
한 입으로 말하라.
—「인연은 자신이 만드는 것」 일부

신의 계시를 따라, 만물의 중심이라고 하는 인간도 '떠도는 구름'일 뿐이다. 바람결에 몰려다니는 얼음조각이나 다를 게 없다. 자연의 대유(代喩)라 할 수 있는 '햇살'이라야 '어둠'을 물리칠 수 있는 것이다. 그렇지만 구름과 얼음조각을 몰고 다니던 '바람'도 자신이 갈 길을 몰라 허둥대는 것이 바로 인간의 모습이다. 법산은 이런 깨달음을 노래한다.

모든 인간은 스스로 인연을 짓고 허물게 마련이다. 따라서 겸손한 마음으로 만나는 사람마다 스승으로 여겨야 한다는 깨달음을 작품에 담는다. 스스로 걸어온 자국마다 자신의 역사가 되는 것이기에 스스로 근신할 줄을 알아야 한다는 것이다. 부처님의 말씀 한마디 한마디가 우리들을 가르치는 법문이기 때문에, 그 말씀을 잘 듣는 것이 중요하다. 들은 다음에는 그 가르침을 수없이 묵상한 뒤에 말하되, 극히 조심하라는 경계를 작품에 담고 있다.

희미한 달빛 속에
스쳐가는 바람소리

선풍에 실려 오는
낯익은 풍경소리

가슴 울렁이던 고뇌를
머리에 이고

눈보라 휘날려도
홀로 서 있는 미륵바위

얼마를 더 지나야
업이 소멸될지

달빛에 물어봐도
말이 없구나.

—「업」 전문

그는 생활 속에서 만나는 여러 사물에 자신을 비추어 본다. 〈눈보라 휘날려도/ 홀로 서 있는 미륵바위〉는 자신의 내면을 투영하는데, 〈얼마를 더 지나야/ 업이 소멸될지〉 모르는 자신의 답답한 마음을 의탁한다.

「인생」에서는 〈짧은 인생/ 모두가 몇백 년 살 것처럼/ 그리도/ 애착을 가지고/ 부귀와 영화를 위해/ 애를 쓰는가!〉라고 한탄한다. 그리하여 〈올 때도 빈 손/ 갈 때도/ 빈 손으로 가거늘/ 무슨 미련 많아서/ 눈을 못 감고/ 고통 속에 살고 있는 인생〉이라며 '업장'의 운명적 굴레를 적시한다. 이런 바탕에서 그는 「업생의 연장인가」에서 목탁의 역할을 규정하고, 자신도 그와 같은 역할을 다하고자 한다. 〈맞는 목탁이 때리는 채보다/ 더 멀리 숲 사이로 퍼져가니/ 너와 나의 인연 떨어질 줄 모르는/ 업생의 인연인가〉 〈중생들의 마름 속 깊이 깨달음을/ 때로는 신비롭고 때로는 장엄하게/ 소리 내어 보시하리라.〉면서 구원(救援)의 불심(佛心)을 노래한다.

팔년 고행 끝에
일주일 울려고
긴 세월 노력하여
명창이 되었구나.

—「매미」 전문

스스로 해탈(解脫)에 이르고자 하는 염원을 매미에 의탁하여 노래하기도 한다. 일주일을 울기 위하여 팔년 고행을 마다하지 않은 매미의 삶은 바로 인간의 평생과도 같다는 인식이다. 간결한 시형(詩形)에 핵심 요소만으로 감동을 빚어낸 작품이다. 이는 시가 무엇인지 명확하게 인식하고 창작하였음을 입증하는 단서로 기능한다. 하고 싶은 이야기가 많지만, 불필요한 요소들을 삭제하고, 중요한 요소를 선별적으로 취택(取擇)하여 특별한 이미지를 창조하는 것이 시(詩) 창작의 본령이기 때문이다.

3. 불심에 소망을 담다

깨달음은 사랑이다. 사랑을 하려거든 사랑하는 마음마저도 비워야 한다. 다시 말하면, 온전하게 정화된 사랑으로 거듭나야 한다. 세상의 욕심을 다 비우고자 하지만, 법산 김창규에게 비우기 힘든 대상이 몇몇 존재한다. 대표적인 하나는 잊으려고 하면 할수록 새롭게 떠오르는 과거의 추억이고, 다른 하나는 생각하는 것만으로도 설레는 미래의 소망이다.

「남자의 마음」의 소재는 아버지이다. 그의 〈아버지는 엄격하시면서도 다정하셨다./ 어려운 일에 부딪치면 힘주어 / 손을 잡아 주시던 인자하신 아버지〉였다. 세상에서 지켜야 할 도리를 역설하시던 아버지를 그리며 〈당부의 말씀 간절하게 듣고 싶은 목소리/ 생각할수록 눈시울이 젖어 앞〉을 가린다며 그리워한다.

「오르막길 어린아이」에서는 자신을 도와 준 어린이에 대한 고마움을 담아내고 있다. 자전거에 박스를 많이 싣고 힘겹게 고갯길을 오르는데 가벼운 느낌이다. 뒤돌아보니 〈대여섯 된 애기가/ 밀어주는 것이 아닌가/ 뜻밖의 도움은 너무도 고마웠다.〉 고갯길을 다 오른 다음에 돌아보며 그 아이를 불러 보았지만, 그 아이는 자기 갈 길로 가고 〈대답이 없다.〉 그리하여 〈오랜 세월이 흘러간 지금도/ 어린아이 생각/ 가슴에 머물러 있다.〉고 노래한다. 그의 마음에는 그

아이가 '관음보살'의 화신으로 남아 있는지도 모르겠다.

산허리
돌아, 돌아
맑은 물소리
졸졸
흐르는데

숲속을
누비는
산새
바람 따라
깃털이 날리고

그대 찾아
오르는 마음
높이 날아
하늘 끝
한 점

—「나는 새」 전문

법산 김창규는 '그대'를 찾아 하늘 높이 날고자 한다. 이 작품에서 '그대'는 신앙의 궁극적 목표가 될 수도 있고, 가슴에 남아 있는 추억 어린 이름일 수도 있으며, 전화를 하여 〈의젓하게 말하는〉 네 살 난 손자 동현이일 수도 있다. 대상이 어떠하든지, 시인은 하늘 높이 날아서 '그대'를 만나고자 하는 간절한 소망을 노래한다. 〈높은 창공을 바라보고/ 넓은 바다를 가슴에 품고/ 온 세상이 초록빛으로/ 희망이 넘치는 큰 꿈〉을 펼치라는 작품은 손자에 대한 절실한 기대라 하겠다. 그는 손자에게, 세상에서 크게 성공하는 것도 중요하지만, 남을 돕는 선한 사람이 되기를 원한다.

법산 김창규는 정식으로 등단한 시인이 아니다. 그러나 맑은 시심으로 세상을 바라본다. 그러다가 가슴을 울리는 일을 만나면 자연스럽게 작품으로 빚는다. 이렇게 갈무리한 작품들을 감상하며 때 묻지 않은 시심에 감동한다. 그 감동의 무늬를 간략하게 정리하면서, 앞으로 더욱 아름답고 순수한 작품 창작을 기대한다.

후기

수십 년 산사에서 머물다 보니 불자님의 사연과 사연 속에 많은 인연들, 이경남 보살님의 끊임없는 노력과 심혈을 기울인 덕택에 큰 도움이 되었고, 이하순 시인의 적극적인 협조에 힘입어 좋은 시를 빚습니다.

세월 속에 쌓은 추억의 모든 것, 행복은 크고 작은 것보다 내 마음에 만족하면 행복한 것, 불자님의 인연 공덕 마음속에 좋은 추억으로 간직하시기를 빕니다.

시루봉 가는 길

법산 김창규 시집

발 행 일 | 2011년 11월 23일

지 은 이 | 김창규
발 행 인 | 李憲錫
발 행 처 | 오늘의문학사
출판등록 | 제55호(1993년 6월 23일)

주 소 | 대전광역시 동구 삼성1동 125-6 한밭오피스텔 401호
전화번호 | (042)624-2980
팩시밀리 | (042)628-2983
홈페이지 | http://www.lito77.co.kr(홈페이지)
전자우편 | hs2980@hanmail.net
공 급 처 | 한국출판협동조합
주문전화 | (070)7119-1741~2
팩시밀리 | (031)944-8234~6

ISBN 978-89-5669-467-2
값 7,000원